PAPILLÔME

DES

RAFFINEURS DE PÉTROLE

Par les Docteurs Léon DERVILLE et GUERMONPREZ,
Professeurs à la Faculté libre de médecine de Lille.

PARIS,
DELAHAYE ET LECROSNIER, ÉDITEURS,
Place de l'Ecole de Médecine.

1890.

PAPILLÔME

DES

RAFFINEURS DE PÉTROLE

Parmi les affections cutanées auxquelles sont exposés les ouvriers qui manipulent le pétrole pour lui faire subir les modifications nécessaires à son emploi économique et industriel, on décrit surtout l'*acné* et l'*ecthyma*. Nous croyons que l'action des substances irritantes contenues essentiellement dans le pétrole, ou introduites artificiellement dans cette huile, peut se manifester sous une autre forme à la surface de la peau.

En visitant plusieurs raffineries de pétrole, nous avons constaté que quelques-uns des ouvriers, employés dans ces établissements, présentaient de nombreux papillômes. Nous avons pu nous convaincre qu'il était impossible de ne pas rattacher ces papillômes à la nature particulière de leurs occupations (1).

---

(1) Nous sommes heureux d'adresser ici nos plus vifs remerciements à MM. Paul Paix (de Lumbres-Courchelettes, près Douai), Delannoy et Mulliez de Wattrelos, près Roubaix), Renart (de Loos), pour la grande amabilité avec laquelle ils nous ont permis de visiter leurs établissements, et pour l'empressement avec lequel ils ont mis à notre disposition leurs connaissances spéciales.

Malgré de nombreuses recherches bibliographiques, nous n'avons rien trouvé qui se rapportât à cette question.

Cette affection ne se montre que dans une catégorie peu nombreuse d'ouvriers chargés d'un travail spécial. Aussi nos observations sont-elles en petit nombre. Cependant, nous tenons à faire remarquer de suite, que sur les six ouvriers employés à cette occupation dans les établissements que nous avons visités, quatre étaient atteints de cette affection particulière. Deux étaient indemnes et encore l'un des deux ne travaillait que depuis très peu de temps. De plus, grâce à l'obligeance de M. Paul Paix, nous avons appris que les sujets, employés au même travail dans plusieurs raffineries des environs de Paris, présentaient aussi une affection que nous avons tout lieu de croire analogue à celle que nous avons observée.

Pour donner une idée de ce qu'est cette éruption, nous donnons de suite les quatre observations que nous avons recueillies.

Observation I. — Car.., Jean-Baptiste, âgé de 62 ans, est employé au nettoyage des appareils à distillation dans une raffinerie de pétrole.

C... est occupé à ce travail depuis 16 ans. Il a toujours joui d'une excellente santé et ses antécédents héréditaires ne présentent rien de spécial à signaler.

Le début de son éruption remonte à 5 ou 6 ans. A cette époque, il vit apparaître sur les mains et les avant-bras de petites verrues qui se multiplièrent peu à peu et devinrent le siège de démangeaisons excessivement fortes. Lorsque ces verrues devenaient trop volumineuses, il les cautérisait avec l'acide sulfurique. L'eschare tombée, il restait une plaie qui guérissait avec cicatrice.

Actuellement les deux mains et les avant-bras sont couverts de nombres lésions : cicatrices anciennes, verrues à différents degrés de développement, sécheresse et hyperpigmentation de la peau dans les points où il n'y a ni cicatrices, ni verrues.

Ces lésions anciennes et récentes occupent les deux tiers inférieurs de l'avant-bras droit, le tiers inférieur de l'avant-bras gauche, le dos des mains. En ce dernier point, les verrues sont beaucoup moins nombreuses que sur les avant-bras. La paume des mains et la face palmaire des doigts sont absolument indemnes.

Les cicatrices sont blanches, légèrement déprimées, et tranchent vivement par leur éclat blanchâtre sur la peau voisine qui est fortement pigmentée et brune.

Les plus petites verrues (du volume d'une lentille) sont de légères papules, d'un rouge vif, inflammatoire, et forment de petites nodosités qu'on sent très bien au toucher. Leur surface est lisse, régulière.

Les verrues d'un volume un peu plus grand (un demi pois environ) font une forte saillie à la surface de la peau ; leurs bords sont élevés, saillants et leur surface se modifie. Elle est encore lisse, unie, régulière sur presque toute l'étendue de la lésion, sauf au centre où l'on trouve une petite production cornée, dure, rigide, du volume d'une tête d'épingle.

L'aspect des avant-bras avec leur coloration brune entremêlée de taches blanches cicatricielles, et leurs nombreuses saillies verruciformes, est absolument particulier.

Sur la face externe de la jambe droite, vers le tiers moyen, on trouve deux verrues plates, noirâtres et de nombreuses autres papules rougeâtres, de moyen et petit volume, analogues à celles des avant-bras. Sur la face externe de la jambe gauche, il y en a aussi quelques petites.

Enfin la paupière supérieure droite présente, vers l'angle interne, une verrue du volume d'un demi-pois, saillante, avec pointe cornée centrale. Cette verrue est aussi le siège de démangeaisons.

Nous avons examiné avec la plus grande attention le scrotum de cet homme, et nous n'avons pu observer la moindre trace de lésion. Il nous a bien précisé que, depuis le début de la maladie de son compagnon de travail (voir Obs. IV), il avait pris la précaution de se laver les mains avant d'uriner, ou tout au moins de préserver la verge et les bourses au moyen de la chemise. Il était persuadé que le contact avec ces régions des mains enduites de graisses résiduelles et de poussières de coke, n'est pas sans jouer un grand rôle dans la production de l'affection au niveau des organes génitaux.

Sur le reste du corps, la peau est absolument saine, et la santé générale de cet homme est excellente.

Obs. II. — S..., âgé de 57 ans, est employé dans une raffinerie de pétrole depuis 20 ans. Il n'a nettoyé les appareils à distillation ultime que pendant quinze jours environ, mais depuis qu'il est entré dans cet établissement, il manie des huiles résiduelles, retirées de ces appareils.

Les lésions qu'il présente actuellement ont commencé il y a 12 ans. Elles ont débuté, au dire du malade, par de petits boutons durs, rouges, du volume d'une tête d'épingle, qui se sont ensuite progressivement étendus à mesure qu'ils se multipliaient.

Actuellement on trouve, comme chez le malade précédent, des papillômes à toutes les périodes de développement, et entremêlées de nombreuses cicatrices blanches, légèrement déprimées.

Ces lésions occupent la moitié inférieure des avant-bras et le dos des mains, comme dans le cas précédent. En outre, elles ont envahi la face dorsale des deux premières phalanges des doigts, mais elles sont ici très discrètes.

Les parties de peau qui ne sont le siège d'aucune verrue, d'aucune cicatrice, sont sèches et fortement pigmentées.

L'aspect des lésions est le même que dans le cas précédent, mais quelques éléments ont acquis un volume plus considérable et présentent un aspect tout particulier. Sur la face postérieure de l'avant-bras gauche, à l'union des deux tiers inférieurs et vers le bord interne, on trouve deux verrues très développées. Elles ont le volume d'un haricot environ, et sont un peu allongées dans le sens vertical. Très saillantes au-dessus du niveau de la peau, elles présentent sur presque toute l'étendue de leur surface, une apparence verruqueuse ordinaire et une consistance dure, cornée. Autour de cette partie centrale verruqueuse, il y a un liséré d'une teinte rouge, inflammatoire et à surface lisse. Cette face postérieure de l'avant-bras gauche présente, en outre, deux grandes cicatrices de la largeur d'une pièce de deux francs, consécutives à des cautérisations par l'acide sulfurique.

Sur le dos de la main gauche, on trouve une verrue plate, large, située à 1 ou 2 centimètres en arrière de l'articulation métacarpo-phalangienne de l'auriculaire.

Toutes ces lésions sont le siège de démangeaisons très vives.

Sur le dos des premières phalanges des doigts, et un peu aussi sur le dos des mains, on voit, au niveau de l'insertion des poils, de petites saillies dures, cornées, noires, du volume d'une tête d'épingle et qui simulent les petits cônes cornés qu'on retrouve aux mêmes points dans le *pityriasis rubra pilaris*. Ajoutons que sur le reste du corps, on ne constate aucune trace de cette maladie. Partout la peau est lisse, souple, de coloration normale ; elle est seulement un peu sèche, principalement aux jambes.

Sur la portion droite du nez, près de la pointe de cet organe, on trouve aussi une petite verrue plate, grisâtre, prurigineuse, semblable aux lésions de l'épithélioma sébacé au début.

Il n'y a rien sur le scrotum. La santé générale est excellente.

Obs. III. — Jean-Baptiste R..., âgé de 33 ans, travaille depuis 9 mois au nettoyage des appareils à distillation.

Cet homme, dans la santé générale est excellente, n'a vu apparaître quelques boutons sur le bras gauche que depuis très peu de temps.

Ces lésions sont localisées aux avant-bras, et elles sont encore peu prononcées.

Sur l'avant-bras gauche, nous trouvons quatre ou cinq verrues, du volume d'une lentille, avec centre corné et périphérie rouge, d'aspect phlegmasique.

Il en est de même sur l'avant-bras droit. Nous constatons, en outre, à gauche, une pustule d'acné nettement caractérisée, avec son centre pustuleux et sa périphérie rouge. Lorsque nous avons appelé l'attention de R... sur ce bouton, il nous a dit que c'était là un bouton du pétrole. Il en a assez souvent, mais il n'y prête aucune attention, car, dit-il, ils disparaissent spontanément.

Les lésions verruciformes sont, comme dans les cas précédents, le siège de démangeaisons assez vives.

La peau restée saine n'est pas hyperpigmentée comme dans les cas précédents ; elle est seulement un peu sèche, un peu rude au toucher.

Il n'y a rien à noter sur les autres parties du corps. La santé générale est excellente.

Obs. IV. — Cop.., âgé de 61 ans, est employé depuis 15 ans dans une raffinerie de pétrole où il nettoie les appareils à distillation.

Comme ses compagnons de travail, il a présenté des lésions que nous avons déjà étudiées : saillies verruciformes (qu'il cautérisait à l'acide sulfurique), démangeaisons excessivement vives, hyperpigmentation et sécheresse de la peau. Actuellement encore nous pouvons constater des verrues et des cicatrices blanchâtres interposées.

Mais l'affection a suivi, chez cet homme, un processus beaucoup plus grave. Il y a trois ans, en effet, C... remarqua sur les bourses une dizaine de petits boutons, du volume de l'extrémité de l'auriculaire, à surface irrégulière, sillonnée de crevasses, en tout comparables, nous dit-il, à des verrues.

Ces saillies verruqueuses s'accompagnaient de prurit excessivement vif, qui nécessitait un grattage presque continuel et souvent troublait le sommeil du patient. Ces démangeaisons étaient telles parfois, surtout lorsque le malade était au lit, qu'il se grattait jusqu'à excorier ces boutons et produire des hémorrhagies assez importantes.

Chacune de ces verrues fut excisée par un de nos confrères et touchée ensuite avec une solution phéniquée dont le titre était probablement assez caustique. En effet, cette opération était très douloureuse, suivie d'un mouvement fébrile et amenait même le plus souvent du délire. Aussi ces verrues furent-elles excisées et cautérisées l'une après l'autre, et chacune de ces interventions fut-elle faite à quatre ou cinq jours d'intervalle. Aux endroits ainsi traités, les verrues ne reparurent pas, mais la plaie consécutive à chaque cautérisation persista sans guérir; chacune d'elles gagna peu à peu en surface et en profondeur, jusqu'à constituer l'énorme ulcération que nous pouvons constater le 20 septembre 1889.

Toute la région scrotale est transformée en un vaste ulcère triangulaire dont la base répond au pénil et le sommet à la partie inférieure des bourses. Sur cette ulcération repose la verge presque complètement dénudée. Les bords de l'ulcère sont saillants, taillés à pic, comme formés à l'emporte-pièce. Le fond est lisse, uni, d'une coloration jaune-rougeâtre, et il sécrète une sérosité sanieuse très fétide.

La base de l'ulcère répond, comme nous l'avons dit, au mont de Vénus, dont la partie inférieure a été envahie par le travail destructeur. Ce qui reste du pénil est tuméfié et surplombe la partie malade.

Dans le pli cruro-scrotal gauche, on voit une crevasse qui forme le bord correspondant de l'ulcération et qui s'arrête avant le pli de l'aine. A droite, la crevasse cruro-scrotale est beaucoup plus profonde et simule une énorme brèche faite dans les tissus de cette région. Cette crevasse s'étend un peu sur la région inguinale droite. En bas, elle se prolonge jusqu'au pli fessier et atteint la ligne médiane à 1 c. 1/2 en avant de l'anus.

Sur le fond de l'ulcère font saillie deux mamelons bourgeonnants, rougeâtres, saignant au moindre contact. L'un de ces mamelons répond au testicule droit ; c'est une masse ovoïde, du volume d'un œuf de pigeon, complètement privée de peau. L'autre correspond au testicule gauche, celui-ci est encore recouvert d'un peu de la peau scrotale, de la largeur d'une pièce de 2 francs, froncée, présentant quelques poils et limitée par des bords champignonneux, durs.

Sur ces deux mamelons, toujours très rapprochés entre eux, repose la verge qu'on peut reconnaître, après quelques recherches, par sa situation et par la détermination du méat urinaire et du frein. Toute la peau du pénis a, en effet, disparu, sauf une toute petite portion, située à la face inférieure de la verge, près de la base du gland. Ce gland est lui-même doublé de volume, œdématié ; les deux lèvres du méat urinaire sont accolées et il faut chercher quelque temps cet orifice pour le trouver, au sommet des quelques plissements superficiels qui représentent le frein.

Cette vaste ulcération triangulaire présente deux prolongements : l'un au-devant de l'anus, de 2 centimètres de profondeur, à bords durs, saillants, non renversés en dehors. L'autre prolongement à bords festonnés, très renversés en dehors, épais, sans infiltration périphérique, se prolonge d'une part sur la verge, d'autre part au-dessous de cet organe, de telle sorte que le pénis paraît comme disséqué et ne tient plus que par l'urèthre et les corps caverneux.

On ne trouve pas de ganglions dans les aines.

L'état général du malade est des plus mauvais : diarrhée, fièvre, délire, amaigrissement considérable, teint jaune-paille. Les forces du malade ont aussi beaucoup diminué ; il lui est impossible actuellement de quitter le lit.

Les démangeaisons toujours vives amènent le grattage, lequel a déterminé déjà trois hémorrhagies : les deux premières sans importance, la troisième plus grave.

Les antécédents héréditaires de ce malade sont bons. Ses parents n'ont pas succombé à des affections cancéreuses. Il a sept frères ou sœurs plus âgés que lui, et tous bien portants. Un de ses frères, employé comme lui à la raffinerie de pétrole, mais en qualité de chauffeur, jouit d'une excellente santé et, malgré son grand âge, paraît encore très vigoureux.

En présence de ces quatre Observations, nous nous sommes demandé quelle pouvait être l'origine des accidents. Un fait tout d'abord nous a vivement frappés ; sur les trois ou quatre cents ouvriers, employés dans les raffineries que nous avons visitées, quatre seulement étaient malades et ces quatre ouvriers avaient dans ces établissements les mêmes occupations Nous avons donc recherché quelles étaient les conditions de travail de ces sujets et nous n'avons pas tardé à élucider ce point.

Tous quatre occupent un poste tout à fait spécial ; ils sont employés au nettoyage des appareils qui ont servi à la dernière distillation du pétrole. Ils pénètrent dans ces appareils, les vident des résidus huileux de la distillation, détachent avec une sorte de pique en fer le coke (résidu sec de la distillation) et enlèvent ce coke.

Il y a dans ce travail de nombreuses causes d'irritation pour le ligament externe. Tout d'abord ces ouvriers entrent dans les appareils quatre ou cinq heures après l'extinction des feux mais à ce moment il y fait encore excessivement chaud et l'atmosphère de ces appareils est chargée de vapeurs et de gaz très irritants. Pour leur travail les ouvriers sont très légèrement vêtus : des sabots avec de mauvaises chaussettes de laine, un pantalon de toile bleue, grossière, un veston de toile par-dessus une chemise, enfin une casquette. Pendant l'été, ils n'ont, en général, pour tout vêtement qu'un pantalon de toile. Tous ces vêtements sont imprégnés de matières grasses et exhalent une odeur de pétrole très accentuée. En outre, pendant ce travail, la séparation du coke d'avec les parois de l'appareil dégage une poussière assez fine qui est aisément retenue par les matières grasses dont la peau et les vêtements sont imbibés et revêtus.

Ces ouvriers travaillent de 6 heures du matin à 6 heures du soir. Ils ont deux heures de repos pour prendre leurs repas. Le dimanche ils travaillent 24 heures de suite. Enfin ils sont de service une semaine pendant le jour, la semaine suivante pendant la nuit alternativement.

Les soins de propreté qu'ils prennent sont au moins rudimentaires et il en est qui, même aux heures des repas, ne se lavent pas les mains.

Ajoutons que ce travail est très pénible et la température très élevée au moment où ils pénètrent dans les appareils ; de là des sueurs qui contribuent à fixer sur la peau les poussières irritantes, qui peuvent macérer et devenir elles-mêmes une cause d'irritation.

Enfin les papillômes une fois développés s'accompagnent de violentes démangeaisons Ce prurit ne cesse d'importuner le malade qui alors se gratte avec frénésie, excoriant les petites lésions cutanées et même les portions du tégument jusque-là respectées. Comme les mains, les ongles sont imprégnés de matières grasses, huileuses, et de poussières irritantes, ces agents sont mis immédiatement en contact avec le derme excorié et y font énergiquement pénétrer les poussières de coke, surtout dans les bulbes pileux de la face dorsale des mains et des avant-bras.

Nous croyons que le choix des procédés de fabrication n'est pas sans influence sur le développement de ces lésions. En effet, lorsque le pétrole brut est très impur, très coloré, on s'attache à lui faire subir une première purification de la façon suivante : Cette huile brute est mélangée avec une lessive de soude caustique (il nous a été impossible de savoir au juste le titre de cette solution) qui se combine avec les résines. L'excès de soude est par la suite saturé par l'acide sulfurique, puis on décante. Les résinates de soude, restés au fond avec les couches profondes du pétrole, sont néanmoins distillés, mais à part ; et dans cette distillation la résine étant détruite par calcination, il se fait d'abord du carbonate de soude. En même temps, les carbonates de chaux et de magnésie sont calcinés. A cette haute température, la chaux et la magnésie agissent sur le carbonate de soude et la soude doit se retouver à l'état libre. Cette petite quantité de soude, libre dans la poussière de coke, nous paraît être la cause des accidents de la peau.

Ce qui nous fait émettre cette opinion, c'est le fait d'observation suivant. Dans un des établissements que nous avons visités, l'ouvrier, employé au nettoyage des appareils, y était occupé depuis 12 ans. C'est un homme de 51 ans qui n'a jamais eu de verrue. La peau des bras, un peu pigmentée, est absolument lisse, sans verrues ni cicatrices. Lorsque nous lui avons parlé des boutons du pétrole, il n'a su ce que nous voulions lui demander. Ce fait nous devenait un problème bien obscur, lorsque le directeur de l'usine, qui assistait à notre examen, appela notre attention sur la part qu'il convient de réserver à l'action de la soude caustique. Il nous a affirmé que, dans ses appareils, au moment du nettoyage, la soude ne se trouvait certainement pas à l'état de soude caustique. Ils nous fallait chercher si ce pouvait être la seule cause des lésions verruqueuses que nous avons observées. On conçoit qu'un seul fait ne peut suffire pour étayer d'une façon absolue cette théorie. Aussi avons-nous voulu nous étendre davantage sur les conditions dans lesquelles travaillent ces ouvriers. A l'avenir d'établir l'influence de chacune des nombreuses causes d'irritation auxquelles ils sont soumis.

Dans les cas que nous publions ci-dessus les avant-bras et les mains sont le siège principal des accidents. Ce fait se conçoit aisément, puisque ce sont surtout ces régions qui sont en contact avec les agents d'irritation. Néanmoins on peut observer des papillômes sur d'autres points du corps : jambes et paupières (Obs. I), nez (Obs. II). Enfin il y a le cas du malheureux ouvrier qui fait le sujet de l'Observation IV et chez lequel les lésions scrotules ont pris une extension si grave.

Chez cet homme, les causes d'irritation ont été, ce nous semble, les mêmes que pour les lésions des membres supérieurs. Nous avons appris, en effet, qu'il ne prenait aucune précaution et que jamais, avant de satisfaire les besoins d'uriner, il ne se lavait les mains. Ajoutons que le pantalon de travail de cet homme était d'un tissu très grossier, et présentait au niveau de l'entrefond une couture très dure. Enfin, il nous a dit lui-même que souvent pendant l'été, il avait de l'érythème des plis génito-cruraux, quelquefois même de légères excoriations en ces points.

Comme on le voit par l'exposé que nous venons de faire, les causes d'irritation cutanée sont nombreuses pour les ouvriers qui nettoyent les appareils qui ont servi à la distillation du pétrole. Il nous semble que ces lésions cutanées peuvent être rapprochées, au point de vue étiologique, du cancroïde des fumeurs. La pipe, sans cesse en contact avec les lèvres sur lesquelles elle appuie souvent y détermine un traumatisme fréquemment répété. La chaleur aussi intervient pour causer une irritation de la muqueuse labiale, et tous les auteurs ont signalé la plus grande fréquence du cancroïde des fumeurs chez les gens qui font usage de la pipe à tuyau court, vulgairement appelée : brûle-gueule Enfin le liquide qui s'écoule le long de l'embout de la pipe, liquide qui contient une certaine quantité de sucs irritants résultant de la combustion du tabac, doit intervenir pour sa part dans la production de la lésion. Chez les raffineurs de pétrole nous trouvons les mêmes causes : température élevée de l'atmosphère des appareils à distillation et des huiles résiduelles ; traumatismes représentés par l'irritation de la peau sous l'influence des sueurs, des poussières de coke, plus tard du grattage nécessité par le prurit occasionné par les verrues, action de substances irritantes : résidus huileux de la distillation, mélangés à une certaine quantité de soude caustique. Nous pouvons y ajouter la grande difficulté que ces ouvriers ont à se tenir propres, étant donné qu'ils sont toujours occupés à manier des substances grasses, qui imprègnent leurs vêtements et retiennent adhérentes les noires poussières de coke.

Nous distinguerons donc deux éléments étiologiques :

1° Les boutons du pétrole peuvent être attribués à l'action irritante des éléments résiduaux du pétrole lui-même, connus depuis longtemps comme des stimulants âcres et employés non-seulement comme moyens curatifs de la gale, mais aussi comme excitants des ulcères et des foyers gangréneux, mais l'avenir montrera s'il n'est pas plus équitable d'incriminer l'action de la soude caustique, dont la pénétration dans le derme est assurée, parce qu'elle est portée sur les poussières du coke et parce qu'elle est énergiquement chassée au-delà de l'épiderme par le grattage d'un prurit ardent, irrésistible et opiniâtre.

2° L'ulcère du pétrole est assimilable au cancer des fumeurs parce qu'il y intervient les trois éléments connus : traumatismes répétés, substances irritantes, température élevée, mais il n'est pas possible d'identifier ces processus morbides : l'ulcère du pétrole ne donne pas d'infection ganglionnaire.

Symptomatologie : au point de vue symptômatique, nous insistons tout d'abord sur le siège des lésions. Les avant-bras constituent sans contredit le siège de prédilection des papillômes. De là ils s'étendent sur le dos des mains et des doigts, mais ils y sont beaucoup moins nombreux que sur l'avant-bras. La face palmaire des mains et des doigts est toujours respectée.

Chez nos malades, nous avons observé d'autres localisations. Cop... (Obs. IV) avait eu des papillômes du scrotum avant de présenter cet immense ulcère que nous avons décrit. Car... (Obs. I) avait un petit papillôme de la paupière supérieure et en présentait un certain nombre sur la face externe des deux jambes. S... (Obs. II) en portait un sur le nez.

En présence de cette abondance des lésions sur les parties les plus exposées aux substances irritantes : mains et avant-bras, et de la rareté ainsi que de l'excessive dissémination des autres lésions observées chez nos malades, on ne peut s'empêcher de penser que les lésions à siège insolite ne soient dues à des circonstances accidentelles. Les malades ont dû porter leurs mains sales, graisseuses sur les différentes régions du corps où la lésion s'est développée et c'est en urinant que Cop..., en se grattant que Car... et S... ont amené des lésions secondaires sur le scrotum, la paupière, le nez et les jambes.

Toutes ces lésions suivent une marche uniforme ; elles semblent commencer par une petite papule rouge, légèrement saillante, à surface lisse et très prurigineuse dès le début. Puis ce papillôme augmente de volume et devient plus saillant, plus large et bientôt il présente à son centre une petite saillie cornée, dure, du volume d'une tête d'épingle. Si l'ouvrier n'intervient pas par une cautérisation énergique, on voit cette partie cornée centrale s'étendre peu à peu à mesure que la verrue augmente de volume. Ce centre verruqueux atteint ainsi en surface une importance de plus en plus grande.

Sur les lésions déjà anciennes et par conséquent assez larges (volume d'un demi-pois, d'un haricot), la surface de la verrue présente deux parties bien diffiérentes : une centrale noire, irrégulière, sillonnée de crevasses superficielles, d'aspect nettement verruqueux ; une périphérique formant autour de la première une sorte d'auréole saillante, de liseré rouge vif, lissé, d'aspect inflammatoire et qui représente le point où la maladie progresse, tend à s'étendre. Toutes ces lésions, nous le répétons à dessein et tous nos malades insistaient beaucoup sur ce point, sont excessivement prurigineuses et troublent fréquemment le sommeil des patients.

Chez un de nos malades, nous avons observé aussi une production cornée, exagérée au niveau de la sortie des poils. Ces saillies punctiformes, noirâtres, dures, entourant le poil à son émergence, prédominaient surtout sur le dos de la première phalange des doigts ; on en voyait aussi sur le dos de la main, mais elles étaient beaucoup moins nombreuses que dans le siège précédent. Elles rappelaient tout à fait les cônes cornés si caractéristiques du *pitiriasis rubra pilaris*, mais sur le reste du corps, on ne trouvait aucune trace de cette affection.

Toute la peau des avant-bras était très sèche et même un peu rugueuse au toucher chez les ouvriers que nous avons examinés.

L'évolution de la maladie paraît être différente suivant le point où on la considère.

Lorsque les verrues des membres supérieurs ont acquis un volume assez grand pour devenir gênantes, les ouvriers les cautérisent avec l'acide sulfurique. L'eschare tombée, la plaie guérit et il reste une cicatrice blanche, déprimée, nettement limitée et tranchant vivement par sa coloration sur la teinte des parties voisines, qui est toujours fortement pigmentée. C'est encore là un point sur lequel nous tenons à appeler l'attention : la peau est grise, noire, riche en pigment, et cette coloration foncée des portions de peau restées saines fait un étrange contraste avec les cicatrices blanches, très nombreuses que l'on observait chez trois de nos malades. La face elle-même est plus pigmentée qu'à l'état normal, mais à un degré beaucoup moindre que la peau des avant-bras et des mains.

Si nous nous en tenons à l'observation IV, la cautérisation pourrait être sur le scrotum d'un effet désastreux. Cet homme avait depuis longtemps ses verrues scrotales. Fatigué des démangeaisons qu'elles occasionnaient, de l'insomnie qui en résultait, il consulta un médecin qui les excisa et les cautérisa avec une solution phéniquée forte Les papillômes ne reparurent pas, mais les plaies consécutives à l'excision et à la cautérisation, persistèrent. Dès lors la maladie suivit une marche rapidement ulcéreuse et, dans l'espace d'un an, produisit l'énorme perte de substance que nous avons constatée chez lui. Si le fait était confirmé par d'autres observations, il y aurait une grave différence entre les résultats de la cautérisation sur les papillômes du membre supérieur et sur ceux du scrotum.

Cette vaste ulcération scrotale nous fit songer immédiatement à l'affection connue sous le nom de : cancer des ramoneurs. On sait que cette maladie, décrite en 1755, par Percival Pott, a été observée depuis par d'autres auteurs, dans différentes conditions où la surface du scrotum était exposée à des irritations répétées. C'est ainsi qu'on l'a notée chez les muletiers mexicains, toujours cahotés sur des selles excessivement dures et cités comme des types d'une insigne malpropreté

(Schaffner d'Heidelberg). Plus récemment on l'a signalée chez divers ouvriers, et plus spécialement chez les paraffineurs (Bell, Cameron).

Il nous paraît difficile d'identifier complètement le cancer vrai des ramoneurs avec l'ulcération que nous avons observéé chez Cop.... (Obs. IV). Dans le cancer des ramoneurs, tout débute par une ulcération qui va sans cesse grandissant. Dans notre cas, l'affection se manifeste d'abord sous la forme de verrues qui persistèrent longtemps sous cette forme, jusqu'au our où elles furent excisées et cautérisées. Mais, fait plus important, les ganglions inguinaux sont envahis dans le cancer des ramoneurs; ile étaient intacts ches notre raffineur de pétrole ; malgré l'étendue des lésions, ils n'étaient ni tuméfiés ni indurés. Enfin le cancer des ramoneurs se généralise assez vite aux viscères, chez notre malade, aucun symptôme ne permettait d'admettre une autre localisation de la maladie. Mais l'histologie seule pourra trancher cette question et nous n'y manquerons pas, si nous en avons l'occasion.

Pour appuyer la différence du tableau clinique entre ces deux affections, nous rapprochons l'observation d'un cas de cancer des ramoneurs que nous avons pu étudier au moment où Cop.... était soumis à notre observation.

X..., âgé de 75 ans, originaire du Mont-Saint-Bernard, a toujours eu une excellente santé et ne présente rien de spécial à noter dans ses antécédents héréditaires. Cet hommes exerce la profession de ramoneur dans la Flandre où il y a encore beaucoup de ces vastes cheminées autrefois en usage. Il était donc obligé de grimper dans ces cheminées pour en opérer le nettoyage, et il exerce cette profession depuis un grand nombre d'années.

L'affection qu'il présente actuellement débuta en avril 1889. A cette époque, X... se souvient très bien s'être blessé à la partie inférieure des bourses, en nettoyant une cheminée. Il nous a affirmé qu'avant cette époque, la peau du scrotum était absolument saine, quoiqu'il en soit, cette petite plaie scrotale s'étendit en surface et en profondeur, au lieu de guérir. X... consulta un médecin qui lui fit appliquer sur cet ulcère différentes substances antiseptiques (sublimé, chloral, acide phénique). Jamais cette ulcération ne reçut de caustiques proprement dits.

La lésion qui avait débuté à la partie inférieure des bourses s'étendit peu à peu vers la racine de la verge, mais elle resta limitée au côté droit. Les ganglions inguinaux du côté correspondant se tuméfièrent, s'ulcérèrent, ceux du côté gauche sont seulement un peu augmentés de volume.

Dans ces derniers temps, plusieurs hémorrhagies sont survenues, elles ont considérablement affaibli le malade qui ne peut quitter le lit.

Le 16 septembre 1889, il nous est donné d'examiner ce malade et nous le trouvons dans l'état suivant.

C'est un homme très maigre, très affaibli, d'un teint jaune-paille des plus caractérisés, présentant en somme tous les caractères de la cachexie cancéreuse ultime.

La moitié droite du scrotum est remplacée par un vaste ulcère partant de l'extrémité inférieure des bourses et remontant jusqu'à la racine de la verge. Cet ulcère présente vers sa partie moyenne sa plus grande largeur qu'on peut comparer à celle de la paume de la main. Les bords sont taillés à pic, durs, non renversés en dehors. Le fond est rougeâtre, bourgeonnant, sanieux et secrète un ichor fétide, dont l'odeur se répand dans toute la chambre du malade.

Dans la partie supéro-antérieure de cette ulcération, immédiatement au-dessous de l'insertion de la verge, on trouve une masse bourgeonnante, d'une coloration rouge plus vive que celle du reste de l'ulcère. Cette masse dure au toucher, ayant à peu près le volume d'une châtaigne, représente le testicule droit.

A gauche le scrotum et la glande testiculaire sont indemnes. La peau de la verge n'a pas été envahie non plus.

Dans l'aine droite, on trouve une ulcération très profonde à bords saillants, durs, surélevés, légèrement renversés en dehors. Le fond de cet ulcère est jaunâtre, sanieux. Cette sorte de caverne inguinale est le résultat de la fonte cancéreuse des ganglions de la région. Un pont de peau saine, large de quatre centimètres environ, sépare cet ulcère inguinal de l'ulcération scrotale.

Dans l'aine gauche il n'y a rien à noter.

L'ulcération scrotale que présentait notre malade de l'observation IV, se rapprochait beaucoup davantage des lésions observées par Bell, chez les paraffineurs. Dans chacun des deux cas que rapporte cet auteur, il y avait une ulcération du scrotum. Chez l'un des malades, l'ulcération avait été précédée de vives démangeaisons, mais Bell ne dit pas si dès cette époque, la peau du scrotum présentait quelque lésion.

Les ganglions inguinaux absolument intacts, dans l'un des deux cas, étaient tuméfiés, mais non indurés dans l'autre cas, les deux malades guérirent par ablation et suture.

Cependant, il faut signaler quelques différences entre notre malade et ceux de Bell. Ces derniers étaient jeunes relativement : 47 ans et 34 ans ; notre malade avait 62 ans. L'ulcération avait été précédée dans notre cas de verrues, et ce sont les plaies consécutives à l'excision et à la cautérisation qui devinrent le point de départ de l'énorme lésion que nous avons décrite. Nous ne croyons pas que Bell eut signalé chez ses malades l'existence des verrues. L'ulcération aurait dans notre cas creusé beaucoup plus que dans les observations relatées par l'auteur anglais. Enfin la marche fut beaucoup plus rapide chez notre malade : son grand âge et surtout les caustiques appliqués sur ses lésions ont été sans doute les causes de cette évolution rapide.

Diagnostic. — Nous ne croyons pas devoir insister sur les lésions des parties génitales. D'abord nous n'en avons observé qu'un seul cas ; il faudrait une expérience plus large pour établir les traits caractéristiques de cette lésion. De plus nous venons de montrer quels contrastes cliniques elle présente avec le vrai cancer des ramoneurs.

Quant aux verrues des membres supérieurs, elles seront aisément reconnues. Indépendamment des renseignements que l'on peut avoir sur la profession du malade, les lésions, lorsqu'elles sont un peu développées, sont vraiment spéciales. Des groupes de verrues, de volume très variable, reposant sur une peau fortement pigmentée, sèche au toucher, et souvent maculée de cicatrices blanchâtres, ne permettront pas de méconnaître la maladie. D'ailleurs, la verrue, prise en elle-même, diffère du papillôme ordinaire. La zone rouge, inflammatoire, qui entoure la partie verruqueuse centrale, les vives démangeaisons dont elle est le siège, la feront aisément distinguer.

Ajoutons, qu'au point de vue médico-légal, les lésions nettement caractérisées pourraient permettre tout au moins de soupçonner la profession du sujet et d'aider ainsi à l'établissement de son identité.

Pronostic. — Pour ce qui est du papillôme du membre supérieur, la lésion parait bénigne. Les nombreuses cicatrices que présentaient les bras de nos malades, semblent indiquer que les cautérisations n'ont pas d'influence fâcheuse sur ces papillômes, du moins lorsqu'il s'agit d'un acide fort, comme l'acide sulfurique.

Si nous en croyons l'observation IV, il n'en serait pas toujours de même avec les lésions scrotales, et les agents caustiques donneraient, d'après ce fait, un véritable coup de fouet à la maladie, du moins les acides faibles, comme l'acide phénique. Il est possible cependant qu'une extirpation complète. faite au bistouri, et à une époque rapprochée du début, n'aurait pas les mêmes effets. Lorsque nous avons vu le malade. l'étendue des lésions, l'affaiblissement du mourant, étaient tels qu'aucune intervention n'était possible. Mais dans les deux cas, où Bell intervint de bonne heure, par l'instrument tranchant, la guérison eut lieu. Et il est permis d'espérer que le même résultat eût été obtenu chez notre malade, si la même intervention avait été employée de bonne heure.

Traitement. — Tout d'abord, nous avons à discuter la thérapeutique prophylactique. A ce point de vue, il serait utile, selon nous, d'essayer de protéger les avant-bras des raffineurs de pétrole avec un tissu imperméable : manches en tissu de caoutchouc, etc. Sur les mains, les mêmes précautions sont plus difficiles à prendre ; il est des industries cependant où les ouvriers travaillent avec des gants de caoutchouc.

Si par un procédé quelconque, il était possible de faire disparaître, des huiles résiduelles, la soude caustique, ou tout au moins de la transformer pour la rendre inerte, il est probable que la quantité de verrues observées diminuerait.

Quoiqu'il en soit, une propreté minutieuse sera toujours indispensable. Il faudra mettre à la disposition des ouvriers le savon nécessaire à cette mesure hygiénique, et, de préférence, le savon mou de potasse ou savon vert. On leur recommandera de se laver avec soin les mains chaque fois qu'ils interrompront leur travail. La même précaution sera prise chaque fois que les ouvriers auront à satisfaire un besoin pendant la durée de leur tâche.

Enfin, comme l'affection peut se montrer sur d'autres points du corps, il sera utile de leur faire prendre chaque semaine un grand bain précédé de frictions ou d'onctions au savon vert.

Si, malgré les mesures prophylactiques indiquées, la maladie se développait, il faudrait intervenir chirurgicalement, et cette intervention doit varier, croyons-nous, suivant les régions. Sur les bras, sur les jambes, les cautérisations ont donné, aux ouvriers qui les emploient couramment et toujours sans accidents, de si bons résultats, que ce mode thérapeutique est encore, croyons-nous, le mieux approprié à la maladie. C'est celui, en effet, qui nécessite la moindre perte de temps, mais peut-être serait-il sage de ne pas le laisser absolument à la disposition des ouvriers, sans aucune surveillance médicale. Il sera prudent de s'en tenir à un acide fort, à l'acide sulfurique spécialement : il a fait ses preuves.

Mais, sur le scrotum, et aussi sur la face, siège de prédilection des cancroïdes cutanés, à un âge avancé surtout, la même intervention nous paraît absolument redoutable. Les papillômes, en effet, peuvent se transformer en épithéliomas, et bien que les conditions, susceptibles d'amener cette transformation, ne soient point entièrement connues, il est certain que les cautérisations rentrent dans les irritations capables d'amener cette modification. Or, bien que l'ulcération observée chez Cop . . à la suite des cautérisations des verrues, différait par quelques points de l'épithélioma, il n'était pas possible d'éliminer absolument ce diagnostic. Bell ne discute pas la nature cancéreuse des lésions qu'il observa chez ses paraffineurs. L'histologie ne tardera pas sans doute à élucider complètement ce point.

D'autre part, nous avons noté les résultats excellents, obtenus par Bell sur les lésions des paraffineurs à une période encore peu avancée par l'excision pure et simple. C'est donc à cette méthode que nous donnerons la préférence pour la face et le scrotum, toutes les fois que, ni l'étendue des lésions, ni l'état général du malade ne présenteront de contre-indications. Nous recommanderons seulement de ne pas trop temporiser. Plus tôt sera faite l'opération, plus l'excision pourra être complète, sans amener de grandes pertes de substance, plus aussi seront bénignes les suites de l'intervention chirurgicale.

N. B. — Ce travail était terminé et sur le point d'être livré à l'impression, lorsque le malade qui fait le sujet de l'observation IV, mourut. Nous avons pu nous procurer un fragment des lésions scrotales; et l'examen histologique en a été fait par M. le professeur Augier, qui nous a communiqué la note suivante :

« L'examen de coupes comprenant toute l'épaisseur d'un fragment ulcéré et bourgeonnant de la peau du scrotum donne le résultat suivant.

Sur l'un des bords de la coupe, on trouve un revêtement épidermique normal, sans épaississement appréciable. A cet épiderme, succède une surface irrégulière, anfractueuse, représentant la portion ulcérée du néoplasme. Dans l'épaisseur du derme et dans le tissu cellulaire sous-cutané, on trouve un nombre considérable de formations épithéliales sous la forme de globes épidermiques absolument caractéristiques. Çà et là, ces globes épidermiques sont accumulés en nombre tel qu'ils se touchent et ne laissent pas de place au tissu propre du derme. Dans la portion ulcérée, on constate que un certain nombre de globes épidermiques affleurent la surface et que leurs éléments se sont dissociés, éliminés.

Dans la partie, où le processus de néoformation épithéliale est le moins ancien, à la périphérie du fragment, on trouve mélangés aux globes épidermiques des cordons épithéliaux, irrégulièrement ramifiés, anastomosés entre eux et formés de petites cellules dont le caractère épithélial serait difficile à reconnaître, s'ils n'étaient en continuité manifeste par places avec les cellules jeunes de la périphérie des globes épidermiques. Ces cordons épithéliaux sont très nets et ressemblent tout à fait à ce que l'on observe dans certains cas d'épithélioma de la peau de la face. Très peu de vaisseaux sur toute la coupe. Il s'agit, en somme, d'un épithélioma perlé. »

Lille Imp. L. Danel.

www.ingramcontent.com/pod-product-compliance
Ingram Content Group UK Ltd.
Pitfield, Milton Keynes, MK11 3LW, UK
UKHW032039260826
14628UKWH00007B/3060

9 782019 951825